Techniques de base
et glossaire de la Vidéo

Philippe Monfouga

La vidéo regroupe l'ensemble des techniques permettant l'enregistrement et la restitution d'images animées, accompagnées ou non de son, sur un support électronique, tandis que le cinéma utilise le film (support photochimique).

Le mot « vidéo » vient du latin « video » qui signifie : « je vois ».

Un flux vidéo est composé d'une succession d'images qui défilent à un rythme fixe pour donner l'illusion du mouvement. Chaque image est décomposée en lignes horizontales, chaque ligne étant une succession de points. La lecture et la restitution d'une image s'effectue donc séquentiellement ligne par ligne comme un texte écrit : de gauche à droite puis de haut en bas.

Les téléviseurs ou moniteurs vidéos ont longtemps été constitués d'un tube cathodique ou CRT (Cathode Ray Tube en anglais). Le tube cathodique est composé d'un canon à électrons qui émet un rayon d'électrons venant frapper l'écran recouvert d'une substance fluorescente, lorsqu'un électron frappe l'écran un spot de lumière est émis. On dirige le rayon d'électrons grâce à des bobines magnétiques ce qui permet de balayer l'écran ligne par ligne. Pour la télévision couleurs, trois canons à électrons sont utilisés, un par couleur : Rouge, Vert, Bleu.

On utilise en Europe 25 images par seconde, ce qui est proche du cinéma (24 images par seconde). Mais contrairement au cinéma où on affiche une image pleine à chaque fois, en vidéo le signal est un flux de points lumineux à déplacement rapide. Pour éviter de percevoir un scintillement dû au temps nécessaire pour afficher une image par balayage, les images sont balayées en deux temps : on affiche d'abord les lignes impaires puis ensuite les lignes paires. La fréquence du courant électrique en Europe étant de 50 Hertz (le courant change de sens 50 fois par seconde), on affiche 50 images par seconde : 25 images composées des lignes impaires et 25 images composées des lignes paires, ce qui donne bien 25 images (impaires + paires) par seconde.

Au Japon et en Amérique le courant électrique étant de 60 Hertz, on obtient donc 30 images par seconde.

C'est ce qu'on appelle l'entrelacement. Avec les nouveaux écrans (plasma, lcd, led) qui permettent l'affichage des images à des fréquences beaucoup plus élevées, l'entrelacement n'est plus nécessaire, il est cependant toujours utilisé pour garantir une compatibilité ascendante avec les écrans à tubes cathodiques.

On utilise aussi l'entrelacement pour limiter la bande passante nécessaire à l'enregistrement et à la diffusion d'un flux vidéo, ainsi la télévision en définition standard continue d'émettre en entrelacé tandis que la télévision haute définition émet selon plusieurs normes (entrelacée 1080i, et progressive 720p et 1080p).

 La vidéo ayant pris modèle sur le cinéma, ce glossaire présente certains termes qui sont valables aussi bien pour la vidéo que pour le cinéma, notamment tout ce qui concerne la prise de vue et le montage.

Techniques de bases lors d'un tournage.

Stabilité de l'image.

Pour obtenir des prises de vue stables :

- Utilisez un trépied de bonne qualité, de préférence avec un niveau à bulle pour être certain d'être parfaitement vertical. Un pied lourd aura plus de stabilité.

- Évitez tout mouvement de caméra intempestif : pour cela activez l'enregistrement quelques secondes avant et arrêtez de filmer quelques secondes après votre scène, en effet le simple fait d'appuyer sur le bouton d'enregistrement fera bouger votre caméra. De plus, pour le montage, il est bon d'avoir des images en trop qui pourront être coupées.

- Activez la fonction de stabilisation d'image du caméscope, une stabilisation optique est toujours de meilleur qualité qu'une stabilisation numérique.

-Évitez d'utiliser les facteurs de zoom extrêmes du caméscope, ce qui peut entraîner des mouvements de caméra. De même évitez les zooms numériques.

Si vous filmez sans pied, caméra au poing, adoptez une position stable. Un léger tremblement des mains est inévitable, c'est un phénomène physiologique, il est en moyenne équivalent à un mouvement dont l'amplitude est de plus ou moins 1 degrés. Avec une focale courte, le tremblement sera pratiquement imperceptible, par contre dès que le zoom est utilisé, ce tremblement devient gênant et même si vous ne le voyez pas sur l'écran de votre caméscope, il sera visible lorsque vous regarderez votre vidéo en plein écran.

D'une manière générale, le tremblement des mains est très atténué si les coudes sont serrés contre la poitrine ou qu'ils reposent sur un support stable. Évitez les vêtements trop serrés, entravant votre mobilité sur

le terrain.
Voici quelques positions qui permettent d'adopter diverses hauteurs de points de vue :

• Debout : jambes légèrement écartées, les deux mains tenant fermement le caméscope, coudes serrés contre la poitrine.

• Accroupi sur une jambe : position pour filmer un personnage assis ou un enfant à leur hauteur.
Vous pouvez appuyer un coude sur le genou, mais cela limite les possibilités de mouvement.

• Assis à califourchon sur une chaise, le dossier sert de support aux deux coudes.

• Couché : Les deux coudes au sol, jambes écartées, votre position est très stable, mais les possibilités de mouvement de la caméra sont très limitées. C'est le point de vue à adopter pour filmer au ras du sol.

• Accoudé : Bureau, table ou bras d'un fauteuil sont d'excellents supports pour tourner en intérieur ; en extérieur, capot d'une voiture, mur bas, etc.

• Appui vertical : l'embrasure d'une porte, un pilier, l'épaule d'un ami, mur, etc.

Tirez parti de l'écran de votre caméscope : orientable, il permet de placer le caméscope à une hauteur différente de celle des yeux tout en ayant une vue sur le cadrage.

Dans certaines situations, un monopode peut-être un bon compromis entre filmer sur pied et caméra au poing. Il permet de placer la caméra à hauteur des yeux et assure une stabilité verticale. Il sera privilégié au pied lors de capture de spectacle ou dans tout lieu exigu.

mouvements volontaires de caméra

Il existe plusieurs mouvements de caméra volontaires comme le travelling, le panoramique.

Le travelling s'obtient en plaçant la caméra sur un dispositif roulant, si on ne possède pas de matériel spécifique, on peut utiliser un vélo, un caddie de supermarché, etc. Il faut toutefois être sur une surface plane et lisse qui n'entrave pas le déplacement et ne provoque pas de tremblement.

Le panoramique, quant à lui peut se faire à l'aide d'un pied vidéo, l'idéal étant d'avoir un pied possédant une tête hydraulique pour éviter les saccades. Il existe des rotules (têtes) spécifiques pour réaliser des panoramiques, elles se fixent sur le pied vidéo, certaines sont même motorisées afin d'avoir une rotation uniforme.

Le cadrage / contenu de l'image

Différents types de cadrages sont possibles et dépendent le plus souvent de ce sur quoi on veut que le spectateur porte son attention (voir les différents types de plans dans la partie lexique).

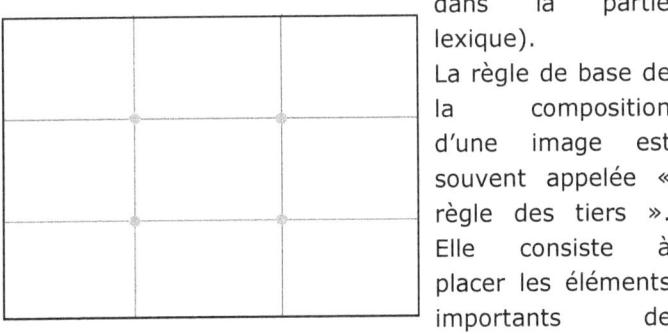

La règle de base de la composition d'une image est souvent appelée « règle des tiers ». Elle consiste à placer les éléments importants de l'image dans les points forts constitués par le croisement des axes divisant le cadre en tiers.

Une composition harmonieuse passe par l'utilisation de cette règle, dans le cas de la présence d'un personnage, on portera une attention particulière à la direction de son regard : regard vers la caméra pour créer une relation avec le spectateur, regard vers un autre élément du cadre, regard en direction de l'extérieur du cadre, etc. De manière général, on a tendance à lire une image de gauche à droite (sens de l'écriture), ce qui est à gauche sera immédiatement perçu, notamment sur un écran, la perception sera différente pour une projection où le corps même du spectateur sera immergé dans l'image.

Il faut donc éviter de placer les éléments importants de la composition au centre de l'image.
Toutefois, comme toute règle, on peut vouloir volontairement s'en affranchir et opter pour un cadrage différent afin de mettre en valeur un élément ou une situation particulière.

Il est déconseillé de trop surcharger une image, l'élément principal, le sujet de l'action doit pouvoir se détacher du fond. Si l'arrière-plan est trop surchargé, l'œil du spectateur ne pourra pas focaliser son attention sur un élément, il sera perdu dans l'image.

La lumière
La lumière est un élément important de la prise de vue. Si la scène filmée est insuffisamment éclairée l'image de la caméra risque d'avoir un grain important et la couleur virera dans les tons rouges. La lumière est trop importante, l'image sera surexposée, des ombres viendront perturber la scène.
En extérieure, sans matériel autre que la caméra, l'idéal

est que le soleil éclaire le sujet frontalement avec un angle de 30 à 45 degrés. Si le soleil se trouve derrière le sujet, l'image sera à contre-jour, le sujet sera donc très sombre tandis que le reste du cadre sera en surexposition. Pour pallier cette difficulté, on peut utiliser un réflecteur pour réorienter la lumière sur le sujet, à défaut d'un réflecteur, une plaque de polystyrène, une feuille de carton plume, une feuille de papier blanc peuvent remplacer le réflecteur.

En intérieur, on peut utiliser 3 sources de lumière afin d'éclairer le sujet, on utilise la règle des 45 degrés.

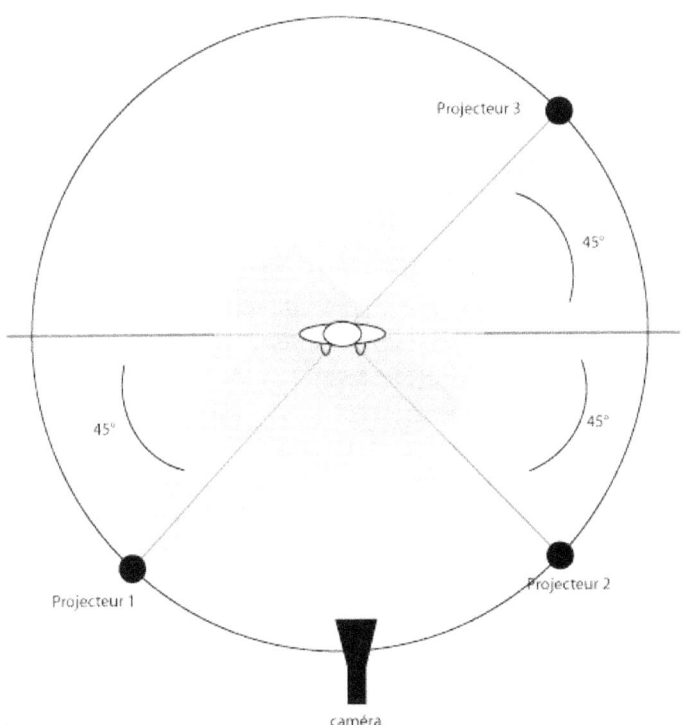

Le projecteur 1 est positionné à environ 45° à gauche ou à droite de votre visage (c'est la lumière principale), le projecteur 2, moins puissant, est placé de l'autre coté de la caméra (toujours à 45° par rapport à la ligne des épaules), et enfin le projecteur 3 est placé à l'opposé du projecteur 1, derrière le sujet, ce qui provoque un effet de halo et réduit les ombres portées.

Le montage
Certains enchaînements doivent être prévus lors du tournage pour ensuite être montés. Il est préférable de ne pas abuser des transitions prévues par les logiciels de montage et de privilégier des coupes directes guidées par la narrations ou les actions tournées.

Le raccord « cut » :
il s'agit d'un raccord direct, sans aucun effet, entre deux plans. C'est la transition la plus utilisée entre deux plans d'une même séquence, une image/scène est coupée et une autre apparaît.

Le raccord champ/contre-champ :
on filme un plan puis le plan en direction opposé (contre-champ), très utilisé pour filmer des dialogues, cela permet de montrer successivement les locuteurs.

Le raccord dans l'axe :
un raccord dans l'axe est une coupe entre deux plans, filmés depuis le même axe. Dans l'intervalle entre les deux plans raccordés, un changement de focale (zoom) a lieu. Le plus souvent, il s'agira d'un plan d'ensemble raccordé avec un plan plus rapproché, filmé depuis le même point de vue.

Le raccord d'entrée et de sortie de champ ou raccord de direction :
sur le premier plan un personnage sort du cadre à un

point donné. Dans le plan suivant, le personnage entre dans le cadre au point opposé. Par exemple le personnage sort du champ par la droite et au plan suivant il entre par la gauche. Il est aussi possible de le faire aller vers la caméra, obstruant ainsi l'objectif, puis vers la scène, dans le même axe, au plan suivant.

Le raccord de regard :
un regard permet d'introduire le plan suivant qui précisera l'objet ou la scène regardé.

Le raccord 180° :
la caméra effectue une rotation de 180° pour passer d'un plan au suivant.

La règle des 180° :
la règle des 180° est liée à la perception de l'espace dans une scène où des personnages sont en interaction. L'exemple typique est le champ-contrechamp. Si l'on trace une ligne imaginaire passant par les deux comédiens (l'axe des 180°), la caméra ne devra pas franchir cet axe pendant la scène. Le non-respect de la règle peut avoir deux conséquences: si les plans montés sont larges, le spectateur aura l'impression que les deux plans n'appartiennent pas à la même scène. Si les plans montés sont des gros plans, le spectateur aura l'impression que les personnages se tournent le dos, même si les comédiens se regardaient effectivement pendant la prise.

S'il est nécessaire de franchir cet axe pendant la scène, une solution est de le faire par un travelling ou bien d'intercaler entre les plans sur les différents personnages un plan d'ensemble qui les situe les uns par rapport aux autres.

Application dans une scène en mouvement de la règle des 180° :
cette règle s'applique également dans les scènes en mouvement. L'axe des 180° est alors l'axe de l'action. Par exemple, dans le cas d'un vélo se déplaçant sur une route, celle-ci constitue l'axe des 180° : la caméra devra se trouver toujours du même côté de la route.
Dans le cas des sports collectifs, les caméras se trouvent quasiment toutes du même côté du terrain. Ainsi, dans un match de foot, le but d'une équipe sera toujours situé du même côté pendant une mi-temps. Quelques caméras sont en général placées du côté opposé afin d'avoir certains angles alternatif. Lorsqu'une action est montrée avec l'une de ces caméras, cela est mentionné à l'écran (par la mention *reverse angle* par exemple) ou par l'utilisation d'un ralenti en insertion entre 2 plans afin de ne pas déstabiliser les spectateurs.

La saute d'axe :
un raccord de plan dépassant les 180° est appelé une saute d'axe.
Ce raccord a pour conséquence de brouiller la perception de la géographie du décor (ou du lieu), le spectateur est troublé : ce qui devrait se trouver d'un plan sur l'autre, à droite se retrouve à gauche et réciproquement.
En principe, il est déconseillé, cependant des réalisateurs peuvent le revendiquer et l'utiliser dans certaines conditions de narration.

Le raccord dans le mouvement :
le raccord est effectué au cours d'un mouvement qui se poursuit dans le plan suivant. Au tournage, la scène doit être tournée sous deux angles de prises de vue différents. Le mouvement doit être sensiblement identique dans chaque prise de vue. Il peut s'agir du

geste d'un acteur, du mouvement d'un objet, du déplacement d'un véhicule ou de tout autre mouvement qui a une certaine importance dans le plan.

Au montage, pour que le raccord dans le mouvement soit fluide, il faut retirer quelques images dans le mouvement entre les deux plans. Si le raccord est effectué strictement au même moment du mouvement sans retirer quelques images, le spectateur a le sentiment que le qu'il y a un faut raccord car le passage d'un plan à l'autre allonge la sensation du mouvement, le spectateur a inconsciemment ajouté les images manquantes

.

Le raccord panoramique :

la caméra effectue un mouvement panoramique sur une scène et au plan suivant la caméra filme une scène différente dans le même mouvement.

En principe le mouvement des deux plans va dans le même sens (de gauche à droite ou inversement) et à la même vitesse. Cependant il est possible mais délicat de raccorder sur des mouvements inversés. Les techniques numériques de montage permettent de varier la vitesse et le cadre de ces mouvements; cela peut aider à améliorer substantiellement ce type de raccord.

Le raccord par analogie :

on peut utiliser une analogie de formes ou de couleurs entre deux images pour effectuer un raccord. C'est un type de raccord qui permet d'établir un lien d'idées très fort et qui évoque un procédé métaphorique.

L'exemple le plus connu est celui qu'on retrouve dans le film *2001 : L'Odyssée de l'espace* de Stanley Kubrick. Inspiré par la découverte d'un monolithe noir, un « grand singe » comprend qu'il peut faire d'un os une arme qu'il lance victorieusement en l'air après avoir abattu un autre

« singe » : le plan suivant montre un satellite (une arme nucléaire orbitale pour être plus exact) dont la forme, la fonction (tuer) et le lieu évoquent ceux de l'os. Il y a dans ce raccord à la fois une analogie formelle et sémantique.

Accéléré

Effet donnant à voir une action en un temps plus court que sa durée réelle. Peut être réalisé à la prise de vues ou en postproduction sur un logiciel de montage vidéo.

Action

Dans une narration, c'est le fil des événements.

Anamorphose

C'est une image volontairement déformée de manière à ce qu'elle ne soit comprise que lorsqu'on la regarde sous un angle particulier ou à l'aide d'un miroir.
En vidéo ou au cinéma, on parle d'image anamorphosée pour désigner une image dont le rapport hauteur/largeur enregistré est différent de celui projeté (voir cinémascope).

Angle de vue

Direction du regard (ou de la caméra) par rapport au sujet.
1. Angle de vue horizontal : on se trouve au même niveau que le sujet regardé.
2. Plongée: le sujet est plus bas que le niveau des yeux, on regarde vers le bas.
3. Contre-plongée: le sujet placé plus haut que le niveau des yeux, on regarde vers le haut.
4. Top-shot ou vue d'en haut : la caméra se trouve au dessus de la scène, à la verticale.

Arrêt de caméra

- truquage réalisé à l'origine pendant le tournage. Une prise de vue est faite, on arrête la caméra sans la déplacer ni changer de cadre. On déplace un objet, ou on le remplace par un autre, ou on l'élimine, ou au contraire on le fait apparaître pour la première fois. On remet en fonctionnement la caméra. Après développement, il y a donc une prise a et une prise b. On coupe les parties de pellicule surexposée qui correspondent à l'inertie de la caméra lors de son arrêt, et à l'inertie de son démarrage. Les prises a et b sont alors assemblées par soudure à l'acétone (dite "collure"). L'opération donne l'illusion du déplacement de l'objet, de son apparition, de sa disparition, ou de sa substitution à un autre objet ou de sa substitution par un autre objet. Même opération avec des comédiens, qui doivent s'immobiliser autant que possible lors du changement entre les deux prises.
L'arrêt de caméra a été découvert par deux collaborateurs de Thomas Edison, William Heise et Alfred Clark, pour une décapitation dans leur film L'Exécution de Mary, reine des Écossais (The Execution of Mary, Queen of Scots), tourné le 28 août 1895. Georges Méliès en fit son fonds de commerce, allant jusqu'à 24 arrêts de caméra pour un film de deux minutes (Le Déshabillage impossible, 1900).

Arrêt sur image

Un gel (ou freeze en anglais) de l'image animée. Procédé qui consiste à répéter une seule image dupliquée

Arrière-plan

Plan qui se trouve le plus en arrière dans un paysage réel ou dans une reproduction. C'est aussi ce qui apparaît derrière le sujet principal.

Aspect Ratio (ratio d'aspect)

Proportion du cadre des photogrammes pour le cinéma ou Format de projection, format de l'image vidéo, rapport entre la largeur et la hauteur (ex : 4/3 pour le format PAL, 16/9 pour la HD).

Auditorium

Studio d'enregistrement des voix, des bruits ou du mixage

Avant-plan

C'est le premier plan d'un paysage ou d'une reproduction quelconque, c'est aussi un ou plusieurs éléments qui apparaissent avant le premier plan et qui se trouvent en partie hors champ.

Axe
Indique la direction de la prise de vues. Un plan se détermine par un cadrage (dimension du cadre par rapport au sujet) et par un axe de prise de vues visant le sujet.

Bande son

La bande son d'un film constitue sa partie sonore. De 1891 (date des premiers films du cinéma) à 1927, il n'y a pas de bande son accompagnant la bande image, il s'agit de films muets. Mais le cinéma muet n'est pas silencieux, les films sont accompagnés de musique jouée in situ ou gravée sur cylindre ou disque de cire, et bruités à chaque séance. La mise au point de sons enregistrés, reproduits en synchronisme avec l'image, a donné au cinéma un nouvel essor. D'abord analogique et reproduit sur une machine séparée du projecteur, il est par la suite fixé sur le bord de la pellicule afin d'éviter le risque de désynchronisation. Sur les pellicules 35 mm, le son est enregistré sous forme optique. Sur les pellicules 70 mm, des pistes magnétiques sont collées entre l'images et les perforations d'entraînement du film. En numérique, plusieurs systèmes existent, soit imprimée entre les perforations et les photogrammes (Dolby digital), avec l'enregistrement optique toujours présent pour les salles non équipées, soit lu par un CD-Rom synchronisé par un timecode imprimée à coté de la piste optique.
Pour le cinéma numérique ou la vidéo numérique, images et sons sont des fichiers informatiques.

Blonde

Projecteur tungstène à face ouverte et à réflecteur parabolique mobile d'une puissance de 2 000 watts, nommé ainsi, car très souvent peint en jaune.

Bonnette

Optique : lentille additionnelle utilisée pour la prise de vues rapprochée (macrophotographie) de l'ordre de 0,5 à 5 dioptries, que l'on place devant l'objectif afin de pouvoir faire la mise au point.
Microphone : protection du microphone contre le vent.

Bord cadre

Par rapport au plan tel qu'il est vu par le cadreur à travers le viseur de la caméra, le bord cadre est la zone limite du champ de prise de vues, aussi bien en largeur qu'en hauteur. Un objet, ou un personnage peut se situer bord cadre hors-champ ou bord cadre dans le champ, c'est-à-dire qu'il sera soit visible dans la prise de vues, soit invisible. Ce périmètre du cadre est interdit aux éléments extérieurs au récit, comme les accessoires de l'équipe technique ou aux assistants.

Bout-à-bout

Montage sommaire des plans dans l'ordre du découpage technique ou du scénario, sans raccord affiné, appelé familièrement un "ours".

Bout d'essai

Prise de vues destinée à tester un acteur, un effet, un filtre…

Bruitage

Le bruitage est une des étapes de la fabrication d'un film. Il se réalise en postproduction et, en général, après le montage définitif de l'image, dans des auditoriums spécialisés, et équipés de différents sols, pour recréer les bruits de pas sur toutes les surfaces possibles ou d'autres accessoires. Les bruiteurs recréent des sons concrets, à partir d'objets hétéroclites qu'ils possèdent et accumulent, ainsi qu'avec leur corps. La difficulté principale réside dans le fait qu'il faut souvent raccorder le son du bruitage avec un son réel enregistré pendant le tournage. La transition doit, en principe, ne pas s'entendre.

Bruiteur

Celui qui fait le bruitage

Bullet time

Type de ralenti très détaillé réalisé grâce à une série d'appareils photo disposés autour de l'action. Les appareils photo sont déclenchés avec un léger décalage temporel ce qui donne après montage l'illusion d'un déplacement de caméra autour d'une action figée ou extrêmement ralentie. Popularisée dans le film *Matrix*, cette technique est la première fois utilisée dans le court métrage de Emmanuel Carlier, *Temps mort autour de Caro et Jeunet*, 1995 et dans le clip réalisé par Michel Gondry *Like a Rolling Stone* des Rolling Stones, 1995

Cache

Au tournage : élément disposé devant la caméra pour masquer une partie de l'image tournée.
En postproduction : masque une partie de l'image d'une prise de vues pour permettre d'impressionner dans la réserve photographique ainsi créée une partie d'une autre image, filmée séparément, que l'on adapte au cache, et qui s'appelle en conséquence le contre-cache. Le principe reste le même en traitement vidéo-numérique.

Cadrage

Désigne l'action de choisir avec précision ce qui sera présenté au regard du public (cadrer). Le cadrage a une conséquence directe sur le plan de l'image (gros plan, plan d'ensemble, etc…). Tout ce qui se trouve à l'intérieur du cadre est dit dans le champ, que tout ce qui n'est pas dans le cadre est dit hors champ. Par extrapolation, ce terme peut être utilisé pour une peinture ou un dessin.

Cadre

ce que voit le cadreur dans le viseur de la caméra. Les caméras professionnelles comportent toutes une visée plus large que le champ de l'optique. Cette particularité permet au cadreur de voir arriver les objets filmés ou les comédiens et de réajuster éventuellement son cadre avant leur entrée dans le champ. De même, elle lui permet, lors d'un mouvement de caméra, par exemple un panoramique, de mieux viser le cadrage final. Avec les techniques numériques, il est possible de procéder à des recadrages en postproduction, avec cependant une perte de qualité si on conserve les dimensions d'origine de la vidéo.

Cadrer

Choisir les limites de la prise de vue ou de l'image (photographie, cinéma, vidéo) ou son contenu.

Caméra subjective

Utilisation d'un ou plusieurs plans, comme s'ils étaient ce que voit un personnage du film. Le plan est dit subjectif, et la caméra est qualifiée en conséquence de subjective.

Champ

Désigne l'espace ou la surface limitée par le cadre. Le champ d'un appareil photographique désigne la portion d'espace qui sera photographiée. On parle aussi de champ de vision pour désigner ce qui s'offre à notre regard. Le contre-champ désigne à la fois la disposition de la caméra opposée à celle du plan précédent et le plan qui sera filmé sous cet angle de vue et ce cadrage.

Champ / Contre-champ

On dit d'une séquence qu'elle est tournée en champ/contre-champ quand les plans se succèdent suivant deux axes symétriques ou asymétriques opposés. C'est le cas par exemple d'un dialogue entre deux personnages, où alternent des plans montrant l'un des personnages et des plans montrant l'autre personnage, l'un à côté de l'autre ou l'un face à l'autre. Les deux axes du champ/contre-champ sont soit filmés séparément, le comédien hors-champ donne alors la réplique, soit avec deux caméras tournant simultanément, les deux comédiens étant alors l'un dans le champ de la première caméra, et l'autre dans le champ de la deuxième.

Chariot ou chariot de travelling

Chariot roulant sur des rails afin d'obtenir un travelling (voir ce mot).

Cinéma

Abréviation de cinématographe. C'est l'art de créer des films sur pellicules, le plus souvent en 16mm ou 35 mm (largeur de la bande). Le cinéma se différencie de la vidéo par le support des films, par le mode d'enregistrement et par la diffusion des images.

Cinémascope

C'est un procédé d'enregistrement et de projection de l'image de cinéma. On enregistre l'image comprimé (anamorphose) à l'aide d'une lentille déformante (cylindrique), elle est ensuite projetée étirée à l'aide d'une autre lentille. Ce procédé permet d'enregistrer une image panoramique sur une pellicule 35 mm en utilisant la totalité de la surface de la pellicule, en conservant donc un maximum de définition. Avant ce procédé, pour faire une image panoramique, on utilisait un cache au format panoramique posé devant le film, une partie seulement de la pellicule était utilisée.

Citation

Dans une œuvre, une citation est une référence directe à une autre œuvre, dans sa totalité ou pour partie.

Cliché

Désigne un négatif en photographie. Au sens figuré, désigne une représentation basée sur des idées reçues.

Conceptuel
Qui fait référence à une réflexion de l'esprit, aux idées, au concept et non à la nature physique de quelque chose.

Contexte

Ensemble de ce qui constitue l'environnement et les circonstances dans lesquels s'est produit un événement, une création, etc… Le contexte peut permettre d'en préciser le sens, la valeur.

Contour

C'est la ligne virtuelle ou dessinée qui marque le tour

d'un corps, d'un objet ou d'une figure. Le contour est une limite.

Contraste

Antagonisme entre deux aspects d'un système. C'est une opposition importante et remarquable entre deux couleurs, deux formes, etc… Le noir contraste fortement avec le blanc.
Ainsi dans une œuvre : l'opposition de couleurs, de valeurs, de dimensions, de formes, de matières, etc… se font ressortir l'une l'autre.

Contre-jour

Phénomène optique dû à la présence d'un éclairage situé derrière l'objet ou la personne que l'on regarde. Ce dernier, ou cette dernière, devient totalement sombre et l'on ne distingue aucun ou très peu de détails.

Contre-plongée

Terme cinématographique et photographique qui indique que le sujet que l'on observe est placé plus haut que le niveau de nos yeux.

Couleur

En physique (synthèse additive), pour la vidéo ou la télévision, le noir est l'absence de lumière, le blanc est la lumière. Les couleurs primaires lumière sont alors le bleu, le rouge et le vert. Lorsque l'on fait converger trois sources de lumière, une bleue, une rouge et une verte, on obtient une lumière blanche. Chacune de ces trois couleurs primaires contient une part de blanc qui ne peut être obtenu que par addition des deux autres.

Coupe franche

Coupe, succession de deux plans sans transition du type fondu, ou enchaîné.

Court-métrage

Film court (en France, défini par moins de 60 minutes, aux USA, par moins de 40 minutes).

Crédits

Mot d'origine anglaise. Sur les génériques, noms des artistes et des techniciens ayant participé à la fabrication du film.

Cycle

Ensemble d'œuvres réalisées autour d'un même thème ou sujet.

Décibel

Abréviation dB, unité logarithmique de comparaison de deux puissances, utilisée pour la mesure audio.

Décor artificiel

Décor construit ou reconstitué en studios.

Décor naturel

Lieu pré-existant choisi aux repérages pour le tournage.

Découpage

Action d'extraire un élément en le taillant selon son contour ou action de morceler un ensemble. En vidéo et au cinéma, désigne aussi la présentation d'un récit (scénario) en division (plans ou séquences) comportant toutes les indications techniques nécessaires à sa réalisation (film, BD...)

Découpage technique

Texte reprenant du scénario sa description des actions et ses dialogues, ainsi que sa structure en séquences numérotées avec indication des lumières, qui prévoit les différents plans qui seront tournés pour chaque séquence et en précise le cadre, et donne d'autres précisions indispensables, notamment les mouvements de caméra.

Déformation

Action qui consiste à transformer, altérer, modifier la forme ou la structure.

Dégradé

Affaiblissement progressif et continu d'une couleur ou d'une valeur. Il désigne le passage d'une couleur à une autre, ou d'une valeur à une autre avec une transition où les deux se confondent.

Délimiter

Circonscrire, fixer et marquer les limites, les frontières.

Dénotation

En analyse d'image, faire la dénotation c'est décrire tout ce qui est de l'ordre du représenté, repérer toutes les informations, contenue dans l'image en opérant une hiérarchie.

Démarche

C'est une manière de conduire un raisonnement, une méthode. La démarche artistique est la manière dont un artiste effectue son itinéraire de création par rapport à des choix (thème, engagement, support, format, technique, etc...) voire même en travaillant avec le hasard. La démarche est très importante, elle détermine et singularise l'œuvre, elle caractérise l'artiste.

Déroulant

Générique de fin qui défilent, le plus souvent du bas vers

le haut.

Détournement

Procédé artistique qui consiste à s'approprier une œuvre ou un objet et à l'utiliser pour un usage ou une représentation différents de l'usage ou la représentation d'origine.

Diégèse

Univers fictif (temps et lieu) dans lequel l'action d'un récit se déroule.

Directionnel

Micro dont la caractéristique est de ne capter qu'une partie du champ sonore (l'opposé de omni-directionel).

Dispositif

Ensemble des composantes de toutes natures (temporelle, spatiale, instrumentale…) choisies pour produire une œuvre d'art.

Distorsion

Déformation de l'image ou du son due à l'objectif de la caméra ou à la qualité du micro, ou se produisant au cours de la postproduction. Une distorsion peut être aussi volontaire et représenter une forme d'expression artistique.

Dominante

Teinte colorée présente en quantité supérieure à la normale. Dominante colorée, dominante chaude, dominante froide.

Doublage

Postproduction : enregistrement des dialogues dans une autre langue que celle qu'ont utilisée les comédiens jouant dans un film.

Écart

Différence, distance entre un objet (un personnage, une scène, un paysage, etc…) réel et sa représentation.

Écran

Surface réfléchissante, plus ou moins directive, sur laquelle est projetée une image fixe (diapositive) ou animée (cinéma, vidéo). L'écran dit "transonore", perforé ou tissé, permet de laisser passer le son des baffles installés derrière sa surface. Désigne par extension la surface de diffusion d'une image électronique (écran de télévision, d'ordinateur). Le « grand écran » : le cinéma, le « petit écran » : la télévision.

Échelle

Rapport entre les dimensions réelles d'un objet (bâtiment, paysage) et celles de sa représentation (carte, plan, maquette). Ce qui permet, par comparaison, d'évaluer un ordre de grandeur. Pour réaliser le plan d'une maison, on pourra réduire toutes les dimensions, de manière proportionnelle. Sur le plan, par exemple, un centimètre représentera un mètre.

Effet

Impression esthétique recherchée par l'emploi de certaines techniques.

Effets spéciaux

Terme normalement employé pour le tournage uniquement : ce sont les astuces, les machineries, les accessoires trafiqués mis en action lors du tournage d'un plan. Par exemple, les ventilateurs qui donnent le vent, la pluie produite artificiellement, les éclairs, les vagues dans une scène maritime faite en studio, les fumées, les variations de lumières en studio dans une voiture censée rouler, les flammes d'un incendie, les secousses d'une poursuite en voiture filmée en studio, et toute chose confiée à un spécialiste (les fausses armes sont des effets spéciaux particuliers) pour donner l'illusion de la réalité au tournage (contrairement aux truquages qui sont effectués en laboratoire ou sur ordinateur après les prises de vues). Le terme est souvent utilisé à tord dans les logiciels de montage vidéo-numérique pour désigner les truquages.

Ellipse (figure de style)

Désigne des événements du récit qui ne sont pas montrés mais que des indices permettent d'imaginer.

Encadrer

Entourer d'une bordure pour isoler, mettre en valeur ou détacher du contexte.

Enchaînement

Procédé de postproduction. Transition entre les plans, par opposition au montage cut: fondus, volets…

Environnement

1. Contexte dans lequel se trouve ou se crée un objet, un être vivant, une espèce, une œuvre…
2. Dans les années soixante-dix : mot utilisé pour désigner le contexte écologique global.
3. D'origine anglaise et rapporté à l'art, ce terme désigne toute forme d'art constituée par la combinaison de matériaux, d'objets et d'éléments tirés du monde quotidien, répartis dans un espace que l'on peut parcourir et demandant au spectateur une pratique active. La vidéo peut faire parti d'un environnement.

Equilibre

1. Etat de ce qui est harmonieux. Traditionnellement, des

compositions équilibrées obéissaient à des normes ou des canons comme la symétrie, le nombre d'or, etc...
2. Etat de stabilité et de repos.

Esthétique

(du grec aisthanesthai = sentir)
1. nom. Science du beau dans la nature et dans l'art; conception particulière du beau pour chaque individu ou civilisation (Hegel, Alain, Taine)
2. Adj. Qui participe de l'art
3. Adj. relatif au sentiment du beau

Étalonnage

Procédé de postproduction de réglage des teintes et densités des images, en raccord de plan à plan.

Étendue

Propriété liée à la quantité d'occupation d'un espace. C'est une superficie, c'est à dire une surface au sol. On parle de l'étendue d'un paysage, qu'il soit réel ou représenté de manière plus ou moins réaliste, en peinture comme en photographie ou en vidéo.

Exposer

Installer ou présenter à un public de manière à attirer l'attention et le regard. En photographie, désigne l'action d'éclairer le négatif lors de la prise de vue ou le papier lors de l'agrandissement en laboratoire. Sur les caméras vidéo professionnelles, on peut paramétrer le temps d'exposition ou d'obturation du capteur, si le temps d'exposition en vidéo est trop important la fluidité de l'image sera affaiblie, tandis que sa sensibilité en basse lumière augmentera.

Faux raccord

Défaut de continuité apparente entre tous les éléments d'un plan par rapport au plan précédent et au suivant, qui peut provoquer une interrogation ou une incompréhension du public. Jean-Luc Godard le revendique comme une figure de style.

Flou

Ce qui n'est pas net et semble "vaporeux" ; comme perçu au travers d'un brouillard. Cet adjectif qui désigne le manque de netteté volontaire ou accidentel dans la prise de vue d'une photographie ou la réalisation d'une image. En photographie, on parle de flou artistique pour désigner un effet de flou volontaire.

Focaliser

Concentrer, faire converger vers un point précis (origine latine, focus, foyer: "la focale d'une lentille" en optique).

Fond

Partie représentée à l'arrière plan et étant considérée

comme la plus lointaine dans une œuvre bidimensionnelle. Le fond est également l'espace figuré ou la surface qui permet au sujet, à la forme de se détacher. Exemple: personnage sur un fond de ciel bleu ou carré noir sur fond blanc.

Fond Bleu, fond vert, fond blanc, fond noir

Accessoires de truquage : le jeu des comédiens devant l'un de ces fonds permet de les mêler à plusieurs éléments filmés séparément (décor, accessoires, personnages immatériels) et assemblés en postproduction pour obtenir une image composite. Ou immédiatement si le procédé utilisé est la vidéo (par incrustation). On utilise plus couramment le fond vert, mais pour de l'incrustation numérique, n'importe quelle couleur unie peut convenir.

Fondu

Fondu d'ouverture au noir : apparition d'un plan dont les premières images, d'abord noires, s'éclairent progressivement pour atteindre leur niveau de luminosité normale.
Fondu d'ouverture au blanc : apparition d'un plan dont les premières images sont blanches, surexposées, puis s'assombrissent progressivement pour atteindre leur niveau de luminosité normale.
Fondu de fermeture ou fondu au noir : disparition d'un plan dont les dernières images s'assombrissent progressivement pour atteindre le noir complet.
Fondu de fermeture ou fondu au blanc : disparition d'un plan dont les dernières images se surexposent

progressivement pour atteindre le blanc complet.
Ces fondus sont utilisés comme transition d'un plan à un autre et pour terminer le film avant l'apparition du générique de fin.

Fondu enchaîné

Technique de transition progressive entre deux plans, par la diminution de la luminosité du premier jusqu'au noir et par l'augmentation de la luminosité du second. Les deux images se "croisent" par surimpression.

Fragmentation

Action de (se) morceler, de (se) diviser ; le résultat de cette action.

Frame

Mot anglais, en français "image" ou, plus adapté au cinéma : "photogramme". Un film se déroule à la cadence normalisée de 24 photogrammes par seconde (en anglais : frames per second) en salle, et de 25 photogrammes par seconde lors du passage à la télévision (à cause des 50 Hz du réseau électrique, voir entrelacement vidéo).
En vidéo, désigne l'image de deux trames entrelacées, la trame (de lignes paires ou impaires) étant désignée par le mot field en anglais.

Fuyantes

Appelées aussi lignes de fuite. Lignes à partir desquelles s'élaborent les perspectives (voir Point de fuite).

Gamma

Facteur de contraste ou « contraste photographique ».

Gélatine

Films en polyester transparent, généralement teinté dans la masse, que l'on place devant les projecteurs pour en modifier les caractéristiques lumineuses. Gélatines de densité neutre, de correction de couleur, de conversion de température de couleur, d'effets… Souples, elles se coupent facilement aux dimensions souhaitées et ont une bonne résistance thermique.

Genre

Le genre cinématographique permet de catégoriser les films en fonction de leur thématique, comédie, policier, historique, biographique, western, etc.

Graphique

En rapport avec la manière d'écrire ou de dessiner.

Gros plan

Vue rapprochée, image grossie, cadrage très serré. (Voir: plan, cadrage).

Hétérogène

Disparate, hétéroclite, constitué de parties ou d'éléments de natures différentes.
L'hétérogénéité des œuvres est l'une des caractéristiques de l'art du XX° siècle. La juxtaposition et l'assemblage rompent avec l'unité des œuvres du passé.

Hologramme

Image photographique donnant l'illusion du relief obtenue grâce à une technique appelée holographie et utilisant le laser.

Hors-cadre

L'opérateur de prises de vues, dans son viseur en 2D, voit (cadre) ou ne voit pas (hors-cadre), tel ou tel détail de la scène qu'il enregistre en plan fixe ou en mouvement.

Hors champ

C'est le contexte qui entoure le champ. Le hors champ se trouve en dehors des limites du cadre ou en dehors de ce qui s'offre à notre regard. Sur une photographie d'identité (Portrait), le corps n'apparaît pas alors qu'il existe en dehors des limites du cadre de la photographie. Le corps est hors champ, on ne le voit pas mais l'on sait qu'il existe.

Désigne aussi l'espace où se tient un comédien (non visible) qui donne la réplique au comédien filmé, ou qui doit intervenir dans le plan, en entrant au moment voulu dans le champ , signalé par un repère quelconque du décor filmé, ou par une marque faite au sol. Georges Méliès traçait sur le sol à la peinture blanche les limites du hors-champ pour que ses comédiens amateurs jouent à l'intérieur du champ filmé par sa caméra.

Identité

Ce qui fait la spécificité et l'unicité d'un être ou d'un objet ; ce qui le distingue de tout autre.

Illustratif

Qui traduit en images, qui propose un équivalent visuel.

Image

Une image est une représentation de quelque chose ou de quelqu'un par un procédé manuel (le crayon, la peinture, etc…) ou mécanique (l'appareil photographique). (voir aussi icône)

Ce mot désigne aussi une représentation imprimée ou ce qui est reproduit, imité ou évoqué, (être ou chose).

On distingue deux grandes familles d'images : l'image fixe (un dessin, une peinture, etc…) et l'image animée ou mobile (films cinématographiques, vidéos ou de synthèses).

L'image virtuelle est une image qui n'a pas d'existence propre, issue d'une projection lumineuse ou d'un reflet.

L'image numérique est une image scannée, stockée, diffusée ou imprimée par un ordinateur.

L'image de synthèse est une image numérique qui est totalement créée par des calculs informatiques.

Imbrication

Liaison étroite ou état de choses qui se recouvrent en partie comme des tuiles, se trouvent entremêlées, enchevêtrées.

Incrustation

Procédé de tournage ou de postproduction en vidéo, permettant la génération d'une image composite à partir de prises de vues distinctes. Incrustation d'un fond ou d'un élément. Incrustation avant, incrustation arrière, incrustation par sélection en luminance, en chrominance, sur fond bleu ou vert, ou tout autre couleur.

Infographie

C'est une technique de production d'images fixes ou animées grâce à l'ordinateur. On l'appelle également D.A.O (dessin assisté par ordinateur) mais dans ce cas, la destination du travail n'est pas nécessairement artistique.

Iris

En anglais, désigne le diaphragme.
En français, désigne un effet d'ouverture ou de fermeture du plan par un cercle s'ouvrant ou se fermant sur un fond noir.

Ligne

Trait continu, réel ou virtuel, que le regard peut suivre.

Limite

La limite est la ligne qui sépare deux espaces ou deux surfaces. C'est une notion clef en arts plastiques, elle concerne la forme, le tracé, la figure, l'espace.
Dans une œuvre bidimensionnelle, elle est souvent imposée par le format du support ou par le cadre.

Ligne de fuite

Ligne droite qui prolonge une ligne du dessin et abouti sur un point de fuite. Elle permet de réaliser un effet de perspective. (Voir aussi fuyantes).

Lumière

C'est ce qui éclaire et rend visible. On considère deux sortes de sources lumineuses : la lumière naturelle due au soleil, appelée aussi lumière blanche, et la lumière artificielle due à toutes les sources lumineuses destinées à remplacer ou renforcer la lumière naturelle: l'éclairage électrique, une bougie, un flash d'appareil photographique, etc… C'est aussi la représentation de la lumière dans un tableau, en fonction des matériaux et du support choisi (lumière et ombres)

Manifeste

Texte, livre, théorie ou œuvre que l'on considère comme à l'origine d'un mouvement.

Marque

Signe particulier servant à repérer, indice. Trace ou empreinte laissée sur quelque chose (marquage).

Master

Forme finale d'une œuvre audiovisuelle réunissant l'image et le son, laquelle servira de source aux copies.

Masque

Élément servant à cacher quelque chose. On parle de masque pour désigner ce qui cache un visage, mais aussi pour désigner un élément placé devant un autre pour le dissimuler. Utilisé pour le truquage en vidéo.

Masquer

Dissimuler partiellement ou totalement avec un masque ou toute autre chose.

Médium

(Média au pluriel). En peinture, et dans le sens premier du terme, le médium désigne le liant qui sert à mélanger et étaler les pigments de couleur (l'eau, l'huile, l'essence, etc…).
Média a pris un sens second dans la communication et désigne un mode de diffusion d'informations (la télévision, les journaux, les livres, etc…).

Mise en abyme

Se dit, par exemple, lorsque deux miroirs, face à face, se reflètent à l'infini. On parle également de mise en abyme pour désigner une œuvre citée ou visible à l'intérieur d'une autre.
Structure d'une image ou d'une œuvre qui contient cette image ou cette œuvre elle-même en représentation (exemple connu: "la boîte de fromage dessinée sur la boîte de fromage dessinée sur la boîte de fromage…").

Mise en scène

Organisation matérielle d'une présentation ou représentation (objets, personnages, décors, mouvements…) dans un espace et un temps choisis.

Morphologie (de l'image)

C'est la configuration et la structure de l'image : lignes de force, centre d'intérêt, principales lignes qui structurent l'œuvre (souvent sous forme de figures géométriques), direction et orientation des lignes, répartition des pleins et des vides.

Morphing

procédé de déformation de l'image, utilisé pour donner l'impression de transformation d'une image en une autre.

Motion control

Mot anglais pour désigner un système intégré comportant une caméra et son support mobile, entièrement motorisés sous contrôle d'un ordinateur qui peut enregistrer les paramètres d'une répétition, et les reproduire à l'identique.

Mouvement

Terme fortement polysémique dont il convient de préciser le sens à chaque utilisation. Il est employé en particulier :
- en histoire de l'art et des styles. Ex. :mouvement minimaliste, conceptuel…
- dans les œuvres qui laissent apparaître le geste de l'artiste
- en référence à la représentation. Ex. :représentation

du mouvement d'un objet par des conventions graphiques ou picturales
- en mécanique, en musique ou chorégraphie, en art cinétique…
- en vidéo ou au cinéma : mouvement de caméra, déplacement de la caméra pendant l'enregistrement d'un plan.

Narratif

Qui raconte, qui relève du récit ou d'une suite de faits articulés dans le temps.

Narration

C'est la faculté de certaines œuvres, le plus souvent des peintures, à raconter une histoire. On peut observer cet effet narratif dans la peinture d'histoire (qui relate des faits historiques, mythologiques ou religieux) ou les scènes de genre, par exemple. Grâce à des indices laissés par l'artiste, c'est le public qui va recomposer l'histoire qui se déroule devant lui.

Négatif

En photographie, c'est un support sensibilisé à la lumière et qui permet de fixer les images en négatif.
Les couleurs et les luminosités sont inversées sur le négatif. lors du tirage photographique, elles apparaîtront en positif, telles qu'on les voyait réellement.

Nuit américaine

Tournage d'une séquence de nuit en plein jour en jouant sur l'exposition (diaphragme) et en plaçant des filtres colorés devant l'objectif : rouge ou vert pour les films en noir et blanc, bleu soutenu pour les films en couleurs.

Ombre

Zone sombre due à l'absence de lumière ou au fait que la lumière rencontre un obstacle opaque.
L'ombre portée est l'ombre que projette sur une surface tout objet ou toute personne éclairée.
L'ombre propre est la partie ombrée d'un objet lorsqu'il est éclairé d'un côté.

Ouvert

1. Qui laisse un passage par lequel il est possible d'entrer ou de sortir.
2. Caractère de ce qui est réceptif et perméable au champ extérieur.

Paysage

1- Etendue de terre qui s'offre à la vue d'un quelqu'un.
2- Représentation d'un site ou d'un espace réel ou imaginaire, figuratif ou non figuratif, par la peinture, le dessin, la photographie, etc... Genre pictural majeur à partir du XIXe siècle dans l'art occidental, il ne fut que très peu représenté pour lui-même avant cette époque. Il existe plusieurs sortes de paysages, ruraux, urbains,

industriels, historiques, etc...

Perche

Accessoire de prise de son permettant le déport du microphone afin de le placer au plus près des sources sonores sans que, ni le microphone, ni son manipulateur ne se trouve dans le champ. Par extension, divers déports utilisés en production.

Photographie

Technique qui permet de fixer (mécaniquement et chimiquement) les images de ce qui nous entourent, grâce à un support rendu sensible à la lumière (voir le chapitre sur la photographie dans les principales périodes de l'histoire de l'art). Par extension, s'applique à la captation d'une image fixe sur un capteur numérique

Photogramme

C'est une image photographique obtenue sans appareil. Il suffit de placer n'importe quel objet sur du papier photographique et de l'insoler à l'aide d'un agrandisseur ou d'une lumière que l'on contrôle. Le papier sera ensuite révélé et fixé comme toute photographie. La forme de l'objet apparaîtra en blanc sur fond noir. Cette technique sera très utilisée par Man Ray.
C'est un assemblage de plusieurs photographies qui peuvent être découpées et collées.
C'est aussi une image isolée sur la pellicule d'un film cinéma.

Pixel

L'image d'un écran de télévision numérique ou d'un moniteur d'ordinateur est composée d'un certain nombre de petits carrés, les pixels, qui correspondent aux toutes petites surfaces qui composent les images. Ces pixels sont visibles lorsque l'on regarde un écran de très près. Les images numériques (fixes ou animées) sont définies par un certain nombre de pixels en largeur et en hauteur, ainsi que par le nombre de pixels par inch (ou nombre de pixels par centimètre).

Plan (photo & cinéma)

Il correspond aux dimensions du sujet à l'intérieur du cadre.
Un gros plan est un plan où le sujet principal est vu de très près, comme pour les natures mortes. Un plan rapproché est un plan qui présente le sujet et une partie du contexte, c'est souvent le cas pour les portraits.
Un plan moyen présente le sujet et son entourage immédiat, on retrouve ce type de plan pour les scènes de genre ou les scènes galantes.
Un plan général présente le sujet principal dans son entourage plus ou moins proche.
Le plan d'ensemble présente un paysage, une foule importante ou une architecture dans un cadre très large.
Les plans sont aussi les différentes parties de l'espace d'un tableau ou d'une représentation bidimensionnelle. Ils permettent de donner l'impression d'éloignement.
Le premier plan est celui qui semble le plus près de notre regard.
On parle d'avant-plan pour désigner un élément qui chevauche le premier plan et dont la plus grande partie

est hors champ (par exemple la cime d'un arbre ou le haut d'une fleur).

Le second plan est, par définition, celui qui se présente derrière le premier et ainsi de suite pour le troisième plan, le quatrième...

Le dernier plan est appelé l'arrière-plan.

Plan (cadre)

- très gros plan (TGP) : plan très serré d'une partie du corps, le plus souvent une partie du visage, parfois appelé insert.
- gros plan (GP) : montre le visage entier d'un personnage, appelé aussi plan de détail.
- plan rapproché (PR) (cinéma) ou plan poitrine (JT) : coupe un personnage au niveau de la poitrine.
- plan mi-moyen (PMM) (cinéma) ou plan taille (JT) : coupe un personnage à hauteur de la taille.
- plan américain (PA) : coupe un ou deux, ou trois personnages à mi-cuisses (¾ du personnage).
- plan italien (PI) : coupe un ou deux, ou trois personnage(s) au niveau des genoux.
- plan moyen (PM) : permet de voir un ou plusieurs personnages en entier (en pied), avec plus ou moins d'espace autour.
- plan de demi-ensemble (PDE) : permet de voir plusieurs personnages dans une partie de décor.
- plan d'ensemble (PE) : permet de voir plusieurs personnages dans un décor en grande partie présent dans l'image.
- plan général (PG) : permet de découvrir le décor entier d'une action.

Plan-séquence

séquence tournée en un seul plan (sans arrêt de la caméra), ou supposée l'être car beaucoup de plans-séquence , sont en fait une succession de plusieurs plans longs reliés par une astuce née en général du décor (passage d'une colonne, d'un mur, etc).

Plongée

Terme photographique et cinématographique lié à la prise de vue. C'est l'angle de vue qui fait que l'on observe un sujet placé plus bas que le niveau normal de nos yeux. Lorsque l'on regarde le sol, notre regard est en plongée.

Point

Faire le point, ou rendre nette une zone de l'image (en anglais focus).

Point de fuite

C'est un point situé à l'infini et vers lequel convergent les lignes de fuites ou lignes fuyantes. Dans la réalité, les deux bords parallèles d'une route droite ne se rejoignent jamais. Pourtant, notre perception nous donne l'impression qu'ils se rejoignent en un point, le point de fuite. C'est un phénomène optique. Une composition réalisée avec un point de fuite permet de respecter les proportions des différents objets ou personnages, malgré les différences de plans.

Point de vue

1- Endroit d'où l'on perçoit un objet, un personnage, un paysage, etc...
2- Notion centrale liée à la représentation de l'espace dans la perspective classique avec un point de vue unitaire. Il correspond à la position physique de l'artiste ou de l'observateur devant un travail bidimensionnel.
Dans la modernité, la multiplicité des points de vue, la perte de la frontalité, la production de séries, ont libéré le spectateur de sa position statique en l'invitant à mener sa propre expérience visuelle et corporelle par rapport à l'œuvre d'art.
3-expression d'une opinion, individuelle ou non, sur un sujet donné.

Postproduction

Ensemble des opérations qui suivent le tournage (production), montage, truquage, bruitage, etc.

Prégénérique

Début du film, avant générique, servant d'accroche ou de chapeau pour attirer l'attention du spectateur. Souvent une scène d'action ou d'introduction d'un contexte.

Prise de vue

Désigne la réalisation d'une image photographique ou cinématographique et l'ensemble des paramètres qui interviennent à ce moment : éclairage, cadrage, profondeur de champ, etc...

Profondeur de champ

1- Terme essentiellement photographique ou cinématographique. La profondeur de champ est déterminée par la distance hypothétique entre les plans perceptibles. Plus on a l'impression que la distance entre le premier plan et l'arrière-plan est grande, plus le champ est profond. Lorsque le champ est peu profond, on dit qu'il y a peu de profondeur de champ ou que la profondeur de champ est faible.
2- C'est également un terme qui désigne l'importance de la zone de netteté, volontairement définie par le photographe, située à l'avant et l'arrière du point de l'espace où est faite la mise au point.
Lorsque tous les sujets d'une même image sont nets, malgré les différences de plan c'est que la profondeur de champ est grande. Lorsque certaines parties sont floues parce qu'elles sont trop près ou trop éloignées, on dit que la profondeur de champ est faible. La modification simultanée des paramètres de vitesse d'obturateur et d'ouverture de diaphragme permet de modifier à volonté la profondeur de champ, sans changer de position.

Projection

Action de montrer à l'écran ou sur un plan, au moyen d'un appareil optique ou non, des ombres, des images fixes (diapositives...) ou animées (cinéma).

Proportions

Ce sont les dimensions de différents éléments comparés les uns aux autres selon une échelle identique.

Raccord

Cohérence de contenu entre plusieurs plans successifs. Peut concerner les costumes, le maquillage, les accessoires. C'est le travail du ou de la scripte qui note avec précision, photographies à l'appui, tous les éléments d'un plan ou d'une séquence. Ce souci est une conséquence de l'étalement dans le temps du tournage d'un film, propice à de nombreuses erreurs de détails et d'oublis, et de sa fragmentation en plans qui sont le plus souvent réalisés dans un ordre non chronologique.
Désigne un accessoire, ou un élément de décor, qui vient d'être vu ou utilisé dans un plan et doit l'être dans les plans qui suivent.
Succession des plans après montage.

Ralenti

Technique consistant à ralentir le mouvement d'une action. En film, il s'agit au tournage d'augmenter la cadence de prise de vues. Des caméras spécialisées permettent d'enregistrer à haute vitesse les images, si une vidéo est enregistrée à 50 images par seconde puis projeté à la vitesse normale de 25 images par secondes, on aura un ralenti x2. Certaines caméras très hautes vitesse peuvent enregistrer jusqu'à un million d'images par seconde, ces caméras sont le plus souvent utilisées pour la recherche. On peut aussi réaliser l'effet en postproduction vidéo ou HD, mais cela dégrade la qualité du mouvement. L'inverse est l'accéléré.

Remake

Anglicisme pour désigner une nouvelle version tirée d'un film déjà tourné et sorti quelques années ou quelques dizaines d'années plus tôt, ayant le plus souvent rencontré un succès public. Le scénario est aménagé en fonction des goûts de l'époque du remake et des nouveaux comédiens, des nouvelles possibilités techniques pour les truquages, …

Rythme

Désigne ce qui, par l'alternance de temps ou éléments forts et de temps ou éléments faibles, fait naître un mouvement particulier dans une œuvre artistique (musicale, picturale, sculpturale, cinématographique…). En arts plastiques, il désigne certains éléments d'une composition qui semblent marquer une répétition, une succession ou un enchaînement. Cela peut être des éléments figuratifs comme des arbres, des cheminées, des formes géométriques ou des éléments plus abstraits, comme des taches, des traces, des effets de matière, etc…

Saturation

Terme qui désigne le degré d'intensité chromatique d'une couleur. La saturation est indépendante de la valeur (clair/foncé).

Scénario

document écrit servant de base pour la préparation (préproduction).

Séquence

1. Série d'éléments hiérarchisés et ordonnés chronologiquement (alors que l'ordre des éléments d'une série peut être parfois modifiable).
2. Succession des plans d'un film constituant un ensemble signifiant.
3. Ce que vous êtes en train de préparer ; ce qui conduira à un apprentissage (séquence d'enseignement).

Script

Anglicisme désignant le document comportant les différentes actions, les répliques des acteurs, rédigées par le scénariste, et aussi toutes les données techniques nécessaires au tournage, indiquées par le réalisateur et annotées par les autres techniciens.

Séquence

Suite de scènes, pouvant présenter chacune une unité de lieu propres, mais liées par le même temps et découpée en plans.

Sous-exposée

Image trop sombre, terme provenant d'un manque de lumière venu impressionner la pellicule.

Split screen

Division en plusieurs images de l'écran.

Statut de l'image

C'est la destination de celle-ci, c'est à dire ce pourquoi l'image a été créée.
Une image publicitaire n'a pas la même destination qu'un panneau de signalisation ou qu'une œuvre d'art. Non seulement les objectifs de leurs créations sont différents mais la manière de les concevoir et de les réaliser l'est également.
Pour simplifier, on peut classer les images en trois familles :
- les images informatives (photographies de reportage, illustrations etc...),
- les images liées à la communication visuelle (logo, pictogramme, panneaux de signalisation)
- les images artistiques.
Attention cependant, à partir du début du XXe siècle, les artistes vont utiliser des images des deux premières familles dans leurs propres créations artistiques. Une photographie de reportage ou une image de mode extraite de son contexte et intégrée dans une œuvre n'a alors plus la même signification qu'à l'origine.

Steadicam

Système stabilisateur de prise de vues utilisé en cinéma et télévision permettant la prise de vues en travellings fluides, grâce à son système comportant un harnais, un bras articulé et une visée hors caméra.
Steadicam est une marque déposée qui appartient à son inventeur, l'Américain Garrett Brown.

Storyboard

Ou "scénarimage", bande dessinée du scénario, dont le but est de donner une idée précise des plans prévus au tournage, et de vérifier leurs enchaînements les uns avec les autres. Le scénarimage permet aussi aux responsables de la décoration de connaître les axes utiles des décors, et de ne pas construire des parties que le découpage du réalisateur ne prévoit pas d'exploiter.

Subjectif

Se dit d'un plan où la caméra semble être le regard d'un personnage, et qui montre ce qu'il voit. De même, un son est subjectif quand il est censé être ce qu'entend un personnage (et que les autres n'entendent pas).

Surexposition

Terme du langage photographique qui désigne un excès de luminosité dans une photographie: temps d'exposition trop long à la lumière, diaphragme trop ouvert, pellicule trop sensible.

La surexposition peut être volontaire pour obtenir un effet particulier.

Sous-exposition

C'est l'effet inverse de la surexposition. Un manque de lumière au moment de la prise de vue ou une pellicule pas assez sensible pour les conditions de prise de vue produisent une photographie trop sombre. La sous-exposition peut être une intention artistique (effet de nuit dans une photo prise de jour).

Stéréotype

opinion généralement admise par un groupe d'individus et basé sur des à priori ou des lieux communs. Le mot tire son origine du terme technique d'imprimerie désignant des caractères solides (plaques métalliques, clichés), obtenus par fonte de plomb dans un flan, que l'on conserve pour de nouveaux tirages.

Surimpression

Superposition au tournage de plusieurs images sur la même pellicule (les mêmes photogrammes sont exposés plusieurs fois), ou en truquage laboratoire ou vidéo.

Symétrie

(grec sun et metron, avec mesure). La symétrie est une organisation formelle dans laquelle les parties se correspondent par rapport à un point, un axe ou un plan. Il en découle une impression d'équilibre (contraire : la dissymétrie).

Synopsis

Résumé du scénario qui décrit les grandes lignes du récit et qui permet de se faire une idée globale du thème, de l'histoire et de l'évolution des personnages.

Télécinéma

Procédé permettant le transfert de films argentiques dans un format vidéo ou de les numériser. Ce procédé oblige à passer de 24 images par secondes à 25 pour le format Pal ou 30 pour le NTSC.

Tension

Etat lié à une opposition, ou son résultat. La tension peut être marquée plastiquement par les lignes, les formes, les couleurs, les lumières...(intérieur/extérieur, vide/plein...).

Time code

Code temporel de référence pour les enregistrements, son et image.

Tirage

Désigne l'action d'imprimer, de réaliser une photographie ou même de fondre une sculpture.
Le tirage est associé à la notion multiple. Il peut se faire en un nombre plus ou moins limité.

Titre

Nom donné à une œuvre et qui précise souvent ce qu'elle représente ou ce à quoi elle fait référence mais pas nécessairement. Certains artistes numérotent leurs œuvres, les dates...
Le titre n'est pas toujours donné par l'artiste, il arrive parfois que certaines œuvres célèbres portent un nom donné par les critiques d'art, les journalistes ou encore le public afin de pouvoir nommer une œuvre sans titre.

Tournage

Ensemble des opérations de prise de vues et de prise de son destinés à la production d'un film.

Trame

(du latin trama, chaîne d'un tissu)
1. Maillage ou quadrillage d'un plan d'urbanisme ou d'architecture.
2. En photographie ou sérigraphie : surface optique crée par la juxtaposition plus ou moins serrée de signes graphiques de grosseurs variées (lignes, points, etc).
3. en vidéo entrelacée, trame impaire et trame paire

d'une image forment une image pleine.

Transition

Dans une œuvre, c'est un élément graphique ou plastique qui permet au regard de l'observateur de passer d'une partie à une autre.

Transposer

Replacer en intervertissant l'ordre. Faire changer de forme ou de contenu en faisant passer dans un autre domaine ou contexte.

Travelling

En cours de prise de vues, tout déplacement de la caméra installée sur un chariot de travelling (chariot sur rails) ou une dolly (chariot sur roue), ou tout autre support mobile (véhicule, trains, avion, etc).

Travelling optique

nom correct du « zoom », effet donnant l'illusion d'un rapprochement de la caméra par modification de la distance focale.

Truquage (ou trucage)

Simple : divers procédés employés en postproduction,

permettant de modifier l'aspect de tous les photogrammes d'un plan, ou de certains photogrammes.
En cinéma argentique, en France, la machine de base était la Truca, une sorte de tireuse de copies qui autorisait les recadrages, les images multiples, la marche arrière, l'arrêt sur image, les volets de toutes les formes, les accélérés, les surimpressions, etc.

Composite : procédés de postproduction permettant de réaliser soit des plans impossibles à obtenir en tournage habituel à cause d'un décor inconstructible ou d'une action utopique ou dangereuse, soit par économie pour obtenir des décors ou des actions qu'il serait trop onéreux de réaliser en vrai.

En cinéma argentique, les possibilités étaient limitées par la nécessité d'établir plusieurs intermédiaires (contretypes) dont la définition se dégradait rapidement d'un élément à l'autre, laissant deviner le trucage. Mais les plans composites argentiques pouvaient comporter plusieurs sources distinctes d'images, rassemblées en une par des machines telles que la Truca.

En trucage numérique et en cinéma numérique, l'utilisation des images de synthèse et des retouches numériques, apporte des possibilités nouvelles en permettant "l'empilage" des couches d'images sans perte de définition.

Valeur

Désigne le degré de clarté d'une couleur.
On assombrit une couleur en lui ajoutant du noir et on l'éclaircit avec du blanc. On utilise des valeurs, par exemple, pour donner une impression de volume à une représentation.

Variation

Procédé qui consiste à utiliser un même motif en le transformant de diverses manières, de façon qu'il demeure toutefois identifiable.

Verticalité

(du latin: verticis = sommet) Désigne ce qui est parallèle au fil à plomb.

Vide

En opposition au plein, terme qui désigne un évidement, un espace vide, dans une sculpture ou dans une architecture.

Vidéo

Le terme vidéo désigne tout ce qui touche le domaine de l'image animée enregistrée en analogique ou numérique sur une bande magnétique, carte mémoire ou disque optique, qu'elle soit destinée à un usage télévisé, domestique ou artistique.

Vision frontale

Désigne un point de vue qui fait totalement face au sujet.

Virtuel

Qui n'a pas de réalité matérielle. Une image virtuelle est une image qui n'a pas d'existence physique (par exemple : image infographique vue sur un écran). Le virtuel s'oppose à l'actuel. (voir Deleuze)

Wave

Format audio numérique le plus utilisé dans l'audiovisuel.

Zoom

C'est à l'origine une marque déposée en 1958 par Angénieux, le mot zoom s'est imposé (par rapport à son prédécesseur, le Pan Cinor de Berthiot) pour désigner tout objectif de ce type. C'est un objectif à focale variable, qui permet de modifier un cadrage sans changer d'objectif ou sans déplacer la caméra.
   - mouvement : le zoom est surtout employé pour effectuer un "travelling optique" avant ou arrière : en zoomant (avant ou arrière), on croit se rapprocher ou on croit s'éloigner du sujet. Le zoom peut être couplé avec un panoramique ou un "travelling mécanique" (chariot, dolly).
   - (jargon) : "coup de zoom" : zoom de recadrage avant ou arrière, "zoom coup de poing" : zoom avant ultrarapide produisant un effet de surprise ou de soudaineté, sur un objet ou sur un visage.
   - zoom contrarié : zoom avant contrarié par un travelling mécanique arrière exécuté à la même vitesse, le cadrage semble être le même, mais toutes les perspectives se déforment au cours du mouvement, le

fond semble absorbé par ce qui se situe en premiers plans. Inversement, le zoom arrière contrarié par un travelling mécanique avant donne l'impression d'un éloignement progressif du fond. Ces deux effets spéciaux procurent au spectateur une sensation bizarre d'élasticité de l'espace filmé.

Annexes

Autorisation de reproduction et de représentation de l'image d'une personne, d'un bien ou d'un animal

Je, nous, soussigné (e)(s) (nom, prénoms, état civil) [des **deux parents quand les deux ont l'autorité parentale et qu'il s'agit d'un mineur**]
……………………… ….
……………………………. autorise (ons) à titre gracieux
M………… , Mme ………………… ……, la société, l'association etc. à :

- me photographier et me filmer et à utiliser mon image

- photographier et filmer et à utiliser l'image de mon, nôtre enfant mineur (nom, prénom), né le
……………………………….. à ………………………………… et demeurant à ……………….. ……………………

- photographier et filmer et à utiliser l'image de mon animal (description, race, âge, taille, n° de tatouage)
……………………..

- photographier et filmer et à utiliser l'image de mon bien (description du bien) situé (adresse pour les biens immobiliers) ……………………… …………….

Le, les bénéficiaire(s) de la présente autorisation s'interdit (disent) de procéder à une exploitation des photographies et/ou du/des films qui puisse porter atteinte à la vie privée ou à la réputation de la, des personne(s) photographiée(s) et/ou filmée(s) et dans tout contexte préjudiciable.

En conséquence de quoi et conformément aux dispositions relatives au droit à l'image et au nom, j'autorise, nous autorisons l'éditeur et/ou le réalisateur et/ou le producteur et/ou M. ou Mme etc. à fixer, reproduire et communiquer au public les photographies et les films objets de la présente autorisation pour les utilisations suivantes :

- cinéma et télévision
- vidéo
- réseaux numériques (Internet)
- projections publiques
- presse et magazines
- publicité
- manifestations et festivals
- …/..

L'autorisation est valable pour la durée légale de la protection littéraire et artistique et pour autant de publications qu'il sera nécessaire à leur exploitation ou à l'exploitation de l'œuvre audiovisuelle dans laquelle photographies et films pourront être incorporés. Elle est valable pour le monde entier

L'autorisation perdurera en cas de changement de mon (nôtre) état civil actuel.

Fait à ……………………, le …………………………

(signature des deux parents quand les deux ont l'autorité parentale et qu'il s'agit d'un mineur) précédée de la mention Bon pour accord

Storyboard

Plan n°

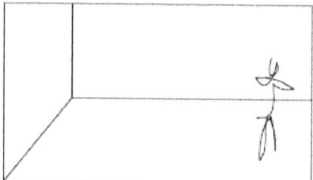

Plan (Plan large, gros plans)
action : ce qui se produit dans le plan
   exemple : un homme sort du cadre par
   la droite.

son : dialogue, enregistrement direct
   muet, musique ajoutée en postproduction
durée du plan
enchaînement avec le plan précédent
exemple : fondu ouvrant au noir
enchaînement avec le plan suivant
exemple : raccord direct

Plan n°

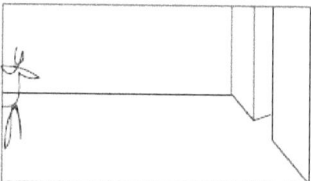

Plan (Plan large, gros plans)
action : ce qui se produit dans le plan
   exemple : un homme dans le champs par
   la gauche.

son : dialogue, enregistrement direct
   muet, musique ajoutée en postproduction
durée du plan
enchaînement avec le plan précédent
exemple : raccord direct
enchaînement avec le plan suivant
exemple : fondu au noir

entrelacement vidéo

lignes impaires
1/50 seconde

image complète
1/25 seconde

lignes paires
1/50 seconde

Formats vidéo

- 1920 × 1080P - HDTV
- 1024 × 768 - XGA
- 1280 × 720P HDTV
- 768 × 576 - PAL
- 720 × 480 - DV NTSC/VGA

Table des matières

Techniques de bases lors d'un tournage p. 5
Glossaire de la vidéo p. 15
Annexes p. 66

Philippe Monfouga, 2013
www.monfouga.net

www.ingramcontent.com/pod-product-compliance
Lightning Source LLC
Chambersburg PA
CBHW071804170526
45167CB00003B/1161